AF329190

INSTRUCTION

DU 29 AVRIL 1901

POUR

L'ADMISSION DES SOUS-OFFICIERS

À L'ÉCOLE MILITAIRE D'INFANTERIE

À LA SUITE DU CONCOURS QUI S'OUVRIRA EN 1901

PARIS

LIBRAIRIE MILITAIRE R. CHAPELOT ET Ce

IMPRIMEURS-ÉDITEURS

SUCCESSEURS DE L. BAUDOIN

30, Rue et Passage Dauphine, 30

1901

INSTRUCTION DU 29 AVRIL 1901

POUR

L'ADMISSION DES SOUS-OFFICIERS

A L'ÉCOLE MILITAIRE D'INFANTERIE

A LA SUITE DU CONCOURS QUI S'OUVRIRA EN 1901

———————— o ————————

RÈGLES D'ADMISSION DES ÉLÈVES.

PROPOSITIONS.

Art. 1er. Chaque année, les chefs de corps présentent, pour être admis à subir les examens d'admission à l'Ecole militaire d'infanterie, les sous-officiers qu'ils jugent dignes d'être proposés pour le grade de sous-lieutenant.

Les sous-officiers du cadre fixe des écoles militaires sont présentés par les commandants de ces écoles.

Peuvent être également présentés : les sous-officiers des sections de secrétaires d'état-major et du recrutement, d'infirmiers militaires, de commis et ouvriers militaires d'administration qui sont l'objet d'une proposition régulière pour le grade de sous-lieutenant.

Les sous-officiers d'origine française servant au titre étranger peuvent être également présentés, mais ces sous-officiers seront nommés sous-lieutenants *au titre étranger* s'ils ont satisfait aux examens de sortie de l'Ecole.

Pour être admis aux épreuves, les concurrents doivent avoir au 31 décembre de l'année de la proposition, deux ans d'ancienneté de grade de sous-officier accomplis dans l'armée active, dont *quatre mois au moins* passés dans un emploi de *sous-officier* comptable (sergent fourrier ou sergent-major), à l'exclusion du temps passé dans l'emploi de caporal fourrier.

Pour être proposés, les sous-officiers doivent posséder l'instruction déterminée par les programmes. Ils doivent en outre produire un certificat d'instruction militaire, délivré par une commission régimentaire, constatant qu'au point de vue professionnel ils sont susceptibles d'être proposés pour l'Ecole militaire d'infanterie.

Ce certificat, qui est conforme au modèle n° 1, porte l'appréciation motivée de chacun des membres de la commission sur la valeur militaire du sous-officier présenté. Cette appréciation est en outre traduite, pour chaque branche de l'instruction militaire (instruction militaire théorique, manœuvre à rang serrés et en terrains variés ; service en campagne ; escrime ; gymnastique), en une note donnée dans l'échelle de 0 à 20 prévue à l'article 31. La moyenne des notes obtenues dans chaque matière est inscrite sur le certificat d'instruction militaire.

Les sous-officiers mariés ne sont admis à concourir que si leur mariage remplit les conditions sociales exigées de celui des officiers.

Art. 2. Il est établi pour chaque sous-officier présenté un mémoire de proposition conforme au modèle nº 2 sur lequel le chef de corps ou de service, ainsi que les différentes autorités hiérarchiques inscrivent leur appréciation motivée sur la valeur du candidat et donnent leur avis sur la suite que paraît comporter la proposition dont il est l'objet. Les appréciations portées sur la valeur du candidat par le chef de corps et par les généraux de brigade et de division sont, en outre, résumées par chacun d'eux en une note donnée dans l'échelle de 0 à 20.

Les différentes autorités hiérarchiques donnent en outre leur avis sur les conditions du mariage des sous-officiers mariés.

Le mémoire de proposition comprend :

1º Le relevé des services ;

2º Le relevé des punitions infligées au sous-officier depuis son entrée au service ;

3º Les notes particulières des supérieurs hiérarchiques ;

4º Le relevé des points attribués au sous-officier pour les notes du chef de corps et des généraux de brigade et de division, ainsi que pour les différentes majorations auxquelles il a droit.

Au mémoire de proposition sont jointes les pièces suivantes :

1º Le certificat d'instruction militaire ;

2º L'acte de naissance ou un certificat en tenant lieu ;

3º Pour les sous-officiers du cadre des écoles où il n'y a pas d'emploi de comptables, un certificat délivré par le commandant de l'Ecole, constatant que le sous-officier proposé a été employé pendant quatre mois dans les bureaux des officiers comptables de cette Ecole ;

4º Une note faisant connaître que le candidat a demandé ou non à être interrogé sur une langue vivante ;

5º Pour les sous-officiers qui ont déjà été proposés, le mémoire des années précédentes.

Art. 3. Les mémoires de proposition sont adressés au commandant de corps d'armée pour le 1er juin. Celui-ci ajourne les candidats dont les notes, multipliées par les coefficients indiqués à l'article 29, formeraient une somme inférieure à 280 points, ainsi que ceux qui lui paraîtraient ne pas remplir les conditions voulues pour prétendre à l'épaulette. Il mentionne sur le mémoire de proposition, à la suite des notes données par les diverses autorités hiérarchiques, son avis sur la proposition, et, s'il y a lieu, le motif de l'ajournement.

Les dossiers concernant les sous-officiers maintenus par les commandants de corps d'armée sont adressés au Ministre (Direction de l'Infanterie, 2e Bureau) pour le 1er septembre, terme de rigueur.

Les dossiers des sous-officiers ajournés par les commandants de corps d'armée ou par le Ministre, ainsi que ceux de sous-officiers qui échouent aux examens sont renvoyés aux chefs de corps pour servir dans le cas où le sous-officier serait l'objet d'une nouvelle proposition.

Les dossiers des sous-officiers proposés sont réunis par corps dans un état modèle no 3. Cet état porte la mention « rayé » en face du nom des sous-officiers ajournés, et le nombre des sous-officiers admis à concourir y est inscrit en toutes lettres.

Un état néant est établi par les corps qui n'ont point de sous-officiers proposés.

Les chefs de corps informent le Ministre (Direction de l'Infanterie, 2e Bureau) par la voie hiérarchique de tous les faits, mutations, punitions encourues, maladies contractées, etc., survenus entre l'époque de la transmission des dossiers et celle de l'examen, qui pourraient modifier son opinion sur les sous-officiers proposés. Ils font également connaître dans les mêmes conditions les changements d'emploi dans leur grade des sous-officiers proposés.

Les demandes de radiation doivent être accompagnées d'un rapport détaillé qui est revêtu de l'avis motivé des différentes autorités hiérarchiques.

Art. 4. Les sous-officiers d'infanterie appartenant aux troupes du Tonkin et de l'Annam et du corps d'occupation de Madagascar proposés pour le grade de sous-lieutenant, doivent satisfaire aux conditions indiquées à l'article 1er, en ce qui concerne l'ancienneté dans le grade, le certificat d'instruction militaire et le mariage.

Les mémoires de propositions sont établis dans les conditions fixées à l'article 2. L'ajournement est prononcé par les généraux commandant en chef les troupes de l'Indo-Chine ou le corps d'occupation de Madagascar. Les dossiers sont adressés au Ministre dans les conditions fixées à l'article 18.

CONCOURS.

Le concours comprend :

Art. 5. 1o Les épreuves écrites d'admissibilité ;

2o Les épreuves d'admission qui comportent des examens oraux d'instruction générale et des examens d'instruction professionnelle.

EPREUVES ÉCRITES D'ADMISSIBILITÉ.

Art. 6. Les épreuves écrites d'admissibilité permettant d'établir un classement destiné à exclure des examens oraux et des examens d'instruction professionnelle les sous-officiers insuffisamment instruits. Les points obtenus pour l'admissibilité n'entrent pas dans le classement définitif d'admission.

Les candidats déclarés admissibles sont dispensés des épreuves écrites pour les concours ultérieurs. Mention de l'admissibilité est faite sur le mémoire de proposition des candidats non admis, avant son renvoi au chef de corps.

Art. 7. En 1901, les sous-officiers sont convoqués pour subir les épreuves écrites le mardi 5 novembre au lieu où se trouve l'état-major de la division sur le territoire de laquelle ils sont stationnés (1). Ils doivent y être rendus la veille du jour fixé pour ces épreuves, et sont placés en subsistance dans un corps de la garnison.

Les compositions sont surveillées par des officiers d'infanterie du grade de capitaine, au nombre de deux au moins, désignés par MM. les généraux commandant les corps d'armée; chacun de ces officiers reçoit un exemplaire d'une instruction spéciale relative à sa mission.

Les sujets des compositions et les imprimés nécessaires sont envoyés sous plis cachetés, par le Ministre, à tous les commandants de corps d'armée.

Les généraux commandant le 19e corps d'armée et la division d'occupation de Tunisie ont à faire connaître, avant le 15 octobre, *télégraphiquement* s'il y a lieu, les centres d'examens et le nombre de sous-officiers qui devront s'y présenter.

Les sujets des compositions sont tirés du programme du règlement du 31 juillet 1879, sur le service des écoles régimentaires des corps d'infanterie.

Les compositions écrites comprennent :

1° Une dictée qui sera relue aux candidats (la ponctuation ne sera pas dictée);

2° Une narration française (lettre, rapport ou sujet historique);

3° Résolution de problèmes d'arithmétique ;

4° Résolution de problèmes de géométrie.

Art. 8. L'enveloppe renfermant chaque sujet de composition est décachetée par un des officiers délégués, en présence des sous-officiers réunis pour subir les épreuves écrites.

Le procès-verbal de la séance devra constater si le cachet était intact.

Art. 9. Toutes les compositions sont faites sur des feuilles à

---

(1) En Algérie, les concurrents sont convoqués au centre de chaque subdivision, et en outre, dans les places suivantes : Laghouat, Bou-Saada, Tiaret, Géryville, Mecheria, Bougie, Tebessa, Biskra. En Tunisie, les concurrents sont convoqués dans l'une des places suivantes, la plus rapprochée du point où ils sont stationnés : Tunis, Sousse, Gabès, Gafsa.

en-tête imprimé, délivrées aux sous-officiers au commencement
de la séance et revêtues alors de la signature de l'un des officiers
chargés de la surveillance; chaque concurrent, en les recevant,
appose son nom sur la tête imprimée de chacune de ces feuilles
et signe à l'endroit indiqué sur cette tête avant de remettre la
composition au délégué.

Art. 10. Il est accordé aux sous-officiers :

1º Pour relire la dictée, un quart d'heure;
2º Pour la composition française, quatre heures;
3º Pour les problèmes d'arithmétique, trois heures;
4º Pour les problèmes de géométrie, trois heures.

Art. 11. Chaque composition, à l'expiration du temps accordé
pour son exécution, est remise à l'un des officiers surveillants.

Tout sous-officier qui ne remet pas l'une quelconque des compositions ou qui ne se présente pas à l'une des épreuves, est, de
ce fait, exclu du concours.

Art. 12. Toutes les compositions des sous-officiers qui ont pris
part aux quatre épreuves sont adressées directement au Ministre
de la guerre, réunies dans une grande et solide enveloppe, portant en suscription l'indication de son contenu, scellée par les
délégués et contresignée de leurs noms.

Art. 13. Les compositions sont soumises au jugement de correcteurs nommés par le Ministre de la guerre, sous la surveillance
de la commission d'examen composée de cinq membres nommés
par le Ministre de la guerre, savoir : un colonel ou lieutenant-
colonel, président ; trois chefs de bataillon d'infanterie ; un capitaine d'infanterie, secrétaire.

Art. 14. Avant de remettre les compositions aux correcteurs,
les examinateurs détachent la partie de chacune des feuilles sur
laquelle se trouvent le nom et la signature du sous-officier.

Les noms sont remplacés par des numéros d'ordre.

Les parties enlevées restent sous scellés.

Art. 15. Les compositions sont cotées par les correcteurs;
elles reçoivent un numéro de mérite compris dans l'échelle de
0 à 20.

Toute note inférieure à 12 pour l'orthographe entraînera à elle
seule l'exclusion, qui atteindra également tout sous-officier con-
vaincu de fraude.

La cote donnée à une composition est portée sur celle-ci même,
puis multipliée par le coefficient correspondant à la nature de
l'épreuve (art. 29), ce qui détermine le nombre de points attribués
au sous-officier pour cette composition.

Art. 16. Les corrections terminées, la commission d'examen
dresse un état général portant les numéros d'ordre des compositions, avec l'indication des cotes données à chacune d'elles, de

leurs produits par les coefficients et de la somme de ces produits.

Toutes les copies d'un même sous-officier ont le même numéro d'ordre, qui correspond à son nom.

On dresse une liste de tous ces numéros par ordre de mérite d'après la somme totale des points obtenus.

Cette liste est soumise au Ministre, qui détermine pour l'année le nombre des admissibles aux épreuves d'admission en tenant compte des sous-officiers admissibles antérieurement.

Art. 17. Les noms des sous-officiers sont ensuite portés sur la liste de classement à l'aide des numéros d'ordre inscrits sur les en-têtes imprimés.

La liste des sous-officiers admis aux épreuves d'admission est publiée dans le *Journal officiel* et adressée à MM. les généraux commandant les corps d'armée.

Cette liste est établie dans l'ordre des corps d'armée et, pour chaque corps, dans l'ordre numérique des régiments.

Art. 18. Les sous-officiers des corps stationnés en Algérie ou en Tunisie subissent les mêmes examens que leurs camarades des corps de France, devant la même commission.

Les sous-officiers d'infanterie appartenant aux troupes du Tonkin, de l'Annam et du corps d'occupation de Madagascar, proposés pour le grade de sous-lieutenant, ne sont astreints qu'à des épreuves écrites.

Les généraux commandant en chef les troupes de l'Indo-Chine et le corps d'occupation de Madagascar, donnent le sujet des compositions, fixent la date de ces épreuves et les localités dans lesquelles elles sont subies.

Les prescriptions contenues dans les articles 7, 8, 9, 10 et 11 doivent être scrupuleusement observées.

Toutes les compositions des sous-officiers qui ont pris part aux quatre épreuves sont adressées au général commandant en chef, qui les soumet à l'examen des correcteurs nommés par lui.

Les compositions sont corrigées et cotées comme il est prescrit aux articles 14, 15 et 29.

Les généraux commandant en chef les troupes de l'Indo-Chine et le corps d'occupation de Madagascar établissent par ordre de mérite le classement qui est déterminé par :

1º Les notes du chef de corps et des généraux ;

2º Les différentes majorations auxquelles le sous-officier a droit pour ses services ;

3º Les notes obtenues pour les compositions écrites.

Ils indiquent sur cette liste de classement les sous-officiers qu'ils jugent aptes à suivre avec fruit les cours de l'Ecole militaire d'infanterie.

La liste définitive d'admission est adressée au Ministre (Direction de l'Infanterie ; 2e Bureau), et les sous-officiers qui y sont portés sont mis en route pour la France, de manière à y arriver pour l'époque de l'ouverture des cours de l'Ecole.

ÉPREUVES D'ADMISSION.

Art. 19. La commission chargée de surveiller la correction des compositions écrites fait passer les examens oraux d'instruction générale et les examens d'instruction professionnelle.

Les épreuves d'admission commencent le mardi 17 décembre et se poursuivent sans interruption, de manière à être terminées le 1er mars.

La commission siège d'abord à Paris, puis se transporte successivement à Lyon, Marseille, Bordeaux et Nantes, ou inversement, à Nantes, Bordeaux, Marseille et Lyon, en alternant tous les ans.

En 1901-1902, la commission commencera ses opérations en province par le centre de Nantes.

Sont convoqués à Paris les sous-officiers stationnés dans le gouvernement militaire de Paris et sur le territoire des 1er, 2e, 3e, 4e, 5e, 6e et 20e corps d'armée.

Sont convoqués à Lyon les sous-officiers stationnés dans le gouvernement militaire de Lyon et sur le territoire des 7e, 8e, 13e et 14e corps d'armée.

Sont convoqués à Marseille les sous-officiers stationnés sur le territoire des 15e, 16e, 19e corps d'armée et en Tunisie.

Sont convoqués à Bordeaux les sous-officiers stationnés sur le territoire des 12e, 17e et 18e corps d'armée.

Sont convoqués à Nantes les sous-officiers stationnés sur le territoire des 9e, 10e et 11e corps d'armée.

Le Ministre fait connaître en temps opportun la date à laquelle doivent commencer les examens dans chacun des cinq centres indiqués ci-dessus.

Les sous-officiers sont placés en subsistance dans un corps de la garnison pendant la durée des examens.

Art. 20. Le tour d'examen des sous-officiers admis aux épreuves d'admission est déterminé dans chaque centre par l'ordre alphabétique de la première lettre de leur nom patronymique.

La veille de chaque séance, le président de la commission d'examen fait afficher la liste des sous-officiers qui peuvent être interrogés dans la séance suivante; ceux d'entre eux qui, sans motifs valables, ne se présentent pas lorsqu'ils sont appelés peuvent être punis disciplinairement et être exclus du concours.

Art. 21. Les examens sont publics, mais pour les sous-officiers seulement, l'entrée des salles restant interdite à toute autre personne.

Art. 22. Les examens portent sur les matières indiquées aux article 26, 27, 28, et les examinateurs posent toutes les questions qu'ils jugent nécessaires pour s'éclairer sur le degré d'instruction des sous-officiers.

Art. 23. Pour l'examen pratique d'instruction militaire, il est constitué, dans chaque centre, une compagnie de manœuvre de 64 files (16 files par section), fournie par un corps de la garnison. Les sous-officiers expliquent et font exécuter, comme instructeurs, un ou plusieurs mouvements. Ils remplissent en outre successivement les fonctions de guides et de chefs de section.

Art. 24. Chaque examinateur attribue aux réponses des sous-officiers, dans les diverses parties sur lesquelles il les a interrogés, une cote numérique exprimée en nombre entier, comprise dans l'échelle de 0 à 20. Cette cote est multipliée ensuite par le coefficient correspondant. Toute note moyenne inférieure à 13 pour l'ensemble des matières de l'examen pratique d'instruction militaire entraîne l'élimination définitive du candidat.

Art. 25. Immédiatement après la clôture des opérations dans chaque centre d'examen, le président de la commission adresse au Ministre l'ensemble des documents relatifs à ces opérations.

EXAMENS ORAUX D'INSTRUCTION GÉNÉRALE.

Art. 26. Les examens oraux d'instruction générale portent sur les matières suivantes :

1º Arithmétique ;

2º Géométrie et topographie ;

3º Histoire de France ;

4º Géographie.

Les sous-officiers sont interrogés sur les matières du programme du 31 juillet 1879.

5º Les candidats qui en auront fait la demande pourront être interrogés oralement sur l'une des langues étrangères suivantes : allemand, anglais, arabe, espagnol, italien, russe.

EXAMENS D'INSTRUCTION PROFESSIONNELLE.

Art. 27. Les examens d'instruction professionnelle comprennent des épreuves orales et un examen pratique d'instruction militaire.

Les épreuves orales portent sur les matières suivantes :

1º Service en campagne (décret du 18 mai 1895 portant règlement sur le service des armées en campagne et instruction pratique provisoire du 24 décembre 1896 sur le service de l'infanterie en campagne) ;

2º Service intérieur (décret du 20 octobre 1892 portant règlement sur le service intérieur des corps de troupe d'infanterie). Service des places (décret sur le service dans les places de guerre et les villes ouvertes, du 4 octobre 1891) ;

3º Règlement sur l'instruction du tir du 22 mai 1895 et instruction sur l'armement, les munitions, les champs de tir et le matériel de l'infanterie du 1er mars 1888;

4º Comptabilité de compagnie.

OBSERVATIONS : Les sous-officiers ne seront pas interrogés sur les articles ou chapitres cités ci-dessous dans chaque service :

Service en campagne. (Chapitres III et IV du titre Iᵉʳ; le titre III et l'article 44 du titre IV; l'article 67 du titre V, articles 91, 92 et 94 du titre VII, article 102 du titre VIII.)

Service intérieur. (Art. 6, 7, 8, 10, 11, 12, 15, 16, 17, 18, 21, 22, 23, 25, 26, 31, 32, 33, 34, 35, 36, 38, 39, 40, 41, 42, 43, 46, 50, 52, 54, 56, 61, 68, 70, 72, 76, 78, 250, 251, 252, 253, 254, 255, 261, 262, 263, 264, 265, 266, 268, 278, 361 à 376 inclus, 383, 384, 385, 386 à partir du 8ᵉ alinéa; 398, 401, 402, 449.)

Service des places. (Chapitre IV, art. 52, 53, 54, 55; chapitres XIV, XVIII, XXVII, XXIX, XXX.)

Art. 28. L'examen pratique porte sur les matière suivantes :

1º L'école du soldat, y compris l'instruction du tireur ;

2º L'école de compagnie : 1ʳᵉ partie et mouvements de la section en ordre dispersé ;

3º Gymnastique ;

4º Escrime.

COEFFICIENTS ET MAJORATIONS.

1º COEFFICIENTS.

Art. 29.

Note d'ensemble.

Conduite, capacité, aptitude au commandement...	Note du chef de corps	6
	Note du général de brigade	6
	Note du général de division ou du commandant de corps d'armée pour les troupes non endivisionnées	8

20

(A défaut de note du général de brigade, celle du chef de corps ou de service aura pour coefficient 8 et celle du général commandant le corps d'armée, 12.)

Épreuves écrites d'admissibilité.

Dictée	3
Narration	8
Arithmétique	2
Géométrie	2

15

Examens oraux d'admission.

Arithmétique	4
Géométrie et topographie	3
Histoire	5
Géographie	3

15

Examens oraux d'instruction militaire.

Service en campagne.. 7 }
Service intérieur et service des places............................. 5 } 21
Instruction du tir... 5 }
Comptabilité de compagnie.. 4 }

Examens pratiques d'instruction militaire.

École du soldat et instruction du tireur........................... 7 }
Ecole de section et de compagnie................................. 7 } 24
Gymnastique.. 5 }
Escrime... 5 }

Langues étrangères (facultatives).

Allemand.. 1
Autres langues (anglais, italien, espagnol, russe et arabe).......... 1/2

2° MAJORATIONS.

Art. 30. Les majorations de points ci-après seront accordées aux candidats d'après leurs états de services et se cumuleront *sans limite d'aucune sorte.*

a) Toute année complète de grade de sous-officier à la date du 31 décembre de l'année de la proposition, en excédent des deux années exigées, donne droit à une majoration de vingt points........ 20

b) Toute année complète, à la date du 1er avril de l'année qui suit la proposition pendant laquelle le sous-officier a occupé les fonctions de sergent-major ou l'emploi d'adjudant, donne droit à une majoration de quinze points... 15

c) Toute campagne, autre que les campagnes en Algérie et en Tunisie, donne droit à une majoration de dix points.................. 10
Ces dernières ne donnent droit qu'à une majoration de cinq points... 5

d) Toute blessure reçue à l'ennemi, toute citation donne droit à une majoration de dix points................................... 10
(Plusieurs blessures reçues dans une même affaire ne sont comptées que pour une seule.)

e) Tout sous-officier décoré de la médaille militaire a droit à une majoration de vingt points.. 20
Tout sous-officier décoré de la Légion d'honneur a droit à une majoration de quarante points.................................... 40

ÉCHELLE DE NOTATION.

Art. 31. L'échelle de notation est la suivante :

20, 19. Parfaitement.
18, 17, 16. Très bien.
15, 14. Bien.
13, 12, 11. Assez bien.
10, 9, 8. Passable.
7, 6, 5. Faible.
4, 3, 2. Mal.
1. Très mal.
0. Nul.

Art. 32. La liste définitive d'admission est publiée dans le *Journal officiel.*

ENTRÉE A L'ÉCOLE.

Art. 33. Les élèves officiers sont pourvus par leurs corps, dans les conditions indiquées par le décret du 10 octobre 1892, modifié à la date du 22 juin 1899 (*B. O.*, p. r., 2e vol. 99, page 477), des effets prévus par l'instruction faisant suite à ce décret. Ces effets doivent être en bon état, bien ajustés et conformes aux modèles réglementaires et notamment, en ce qui concerne la tenue de drap fin, au modèle dont la description du 30 janvier 1889 a été modifiée par les notes ministérielles des 27 juillet 1889 et 7 juillet 1897.

Art. 34. Les sous-officiers qui seraient libérables avant le 1er avril 1903 devront souscrire un rengagement avant leur entrée à l'Ecole (art. 3 du décret du 22 mars 1883).

Art. 35. Les élèves officiers entrent à l'Ecole militaire d'infanterie dans les premiers jours du mois d'avril. Un avis inséré au *Journal officiel* indique le jour et l'heure auxquels ils devront se présenter au commandant de l'Ecole.

Ils ont droit à l'indemnité de route du grade de sergent seulement et ils sont dirigés sur Saint-Maixent, de manière que le jour fixé pour l'arrivée à l'Ecole soit compris dans les délais de route.

Art. 36. Les livrets matricules des élèves admis sont adressés dans tous les cas par les chefs de corps au conseil d'administration de l'Ecole.

ᵉ CORPS D'ARMÉE.

ᵉ DIVISION.

ᵉ BRIGADE.

ᵉ RÉGIMENT D'INFANTERIE.

CONCOURS

POUR

L'ADMISSION A L'ÉCOLE MILITAIRE D'INFANTERIE

EN 190 .

CERTIFICAT

D'INSTRUCTION MILITAIRE THÉORIQUE ET PRATIQUE

délivré à M.   , n° matricule   (grade)
à la   ᵉ compagnie du   ᵉ bataillon.

Le Colonel et les Officiers supérieurs (1) du   ᵉ régiment d'infanterie certifient qu'au point de vue de l'instruction militaire théorique et pratique, M.   est apte à subir les examens d'admission à l'École militaire d'infanterie.

A   , le   190 .

Le Major,   Les Chefs de bataillon,   Le Lieutenant-Colonel,   Le Colonel,

NOTA. — Les sous-officiers appartenant à des fractions détachées seront envoyés à la portion principale pour subir l'examen d'instruction militaire.

Les sous-officiers des sections de secrétaires d'état-major et du recrutement, d'infirmiers et de commis et ouvriers militaires d'administration se présenteront pour obtenir le certificat d'instruction militaire devant la commission d'un corps d'infanterie désigné par le général commandant la région de corps d'armée et, autant que possible, le plus voisin de leur résidence. Ce certificat leur sera délivré dans les mêmes conditions qu'aux sous-officiers des corps de troupe.

(1) Pour les bataillons formant corps, mettre : « Le chef de bataillon et les capitaines du   ᵉ bataillon de... ».

Notes des chefs de bataillon.

Notes du lieutenant-colonel.

Notes du colonel.

Moyenne des notes obtenues (exprimée dans la notation de 0 à 20).

Instruction militaire théorique.............................
Manœuvre à rangs serrés et en terrains variés.........
Service en campagne......................................
Escrime...
Gymnastique..

<table>
<tr><td>

DIRECTION
DE L'INFANTERIE.
—
2e BUREAU.

INSTRUCTION TECHNIQUE,
etc.

(1) Désigner le corps ou
l'établissement.

</td><td>

RÉPUBLIQUE FRANÇAISE.

———

(1)

———

</td><td>

MODÈLE N° 2.

(1) Inscrire le corps ou l'établissement.

(2) Inscrire le nom en caractères *saillants et en écriture bâtarde*. Ajouter le grade et l'emploi.

(3) Engagé volontaire pour   ans, à la mairie de   le
ou
Jeune soldat appelé de la classe de
1re *ou* 2e portion), de la subdivision   n°
de tirage dans le canton de

</td></tr>
</table>

MÉMOIRE de proposition pour l'admission à l'École militaire d'infanterie en faveur du (2)

SIGNALEMENT.	SERVICES SUCCESSIFS CAMPAGNES, BLESSURES ET DÉCORATIONS.		
	Grades.	Corps.	Dates.
Numéro du registre matricule..............	Entrée		
Nom (2)	au ser-		
Prénoms	vice		
Surnom	comme		
Dernier domicile	(3)		
département d			
profession d			
fils de			
et de			
domiciliés à			
département d			
né le			
à			
canton d			
département d	Libérable du		
Taille de 1 mètre millimètres.	service actif le		
Visage..............			
front................			
yeux................			
nez.................			
bouche..............	Campagnes. {		
menton..............			
cheveux.............			
sourcils.............	Blessures,		
Marques particulières...	actions		
Marié le	d'éclat, cita-		
à D^{lle}	tions, etc. {		
domiciliée à	Décorations		
département d	et		
Nombre d'enfants.......	médailles. {		

BIBLIOTHÈQUE NATIONALE — R.F. — IMPRIMÉS

RELEVÉ des punitions du

DATES des PUNITIONS.	GRADE.	GENRES DE PUNITIONS ET NOMBRE DE JOURS.				PAR QUI LES PUNITIONS ont été infligées.	MOTIFS des PUNITIONS.
		Consigne.	Salle de police ou consigne à la chambre.	Prison.	Cellule.		
TOTAUX....							
TOTAL GÉNÉRAL.							

Notes du chef de corps.

Constitution :
Tenue extérieure :
Conduite et moralité :
Caractère :
Intelligence et aptitude :
Manière de servir :
Appréciation générale :

Avis sur les conditions du mariage :

Notes du général de brigade.

Notes du général de division.

*Notes du commandant de corps d'armée et, s'il y a lieu,
motif de l'ajournement.*

Admissibilité (1).

(1) Mentionner si le candidat a été admissible et s'il se trouve par conséquent dispensé des épreuves d'admissibilité pour les années suivantes.

RÉSUMÉ des services du
au 31 décembre de l'année de la proposition.

Durée des services actifs :   ans   mois   jours.
Ancienneté dans les divers emplois de grade de sous-officier :   ans   mois   jours.
Temps passé dans l'emploi de sous-officier comptable (sergent-major ou sergent fourrier) :   ans   mois   jours.

NOTES.

	NOTES (1) de 0 à 20.	COEFFICIENTS.	NOMBRE de points.	TOTAL.
Conduite, capacité, aptitude au commandement.... { Note du chef de corps.		6		
Note du général de brigade...		6 (2)		(3)
Note du général de division ou du général commandant le corps d'armée pour les troupes non endivisionnées. ...		8		

(1) Les notes sont exprimées par un nombre entier.
(2) S'il n'y a pas de note du général de brigade, celle du chef de corps ou de service a pour coefficient 8, et celle du général commandant le corps d'armée 12.
(3) Aucun mémoire de proposition dont le total des notes sera inférieur à 280 points ne sera transmis au Ministre.

MAJORATIONS DIVERSES.

	NOMBRE.	COEFFICIENTS.	NOMBRE de points.
Nombre d'années complètes de grade de sous-officier à la date du 31 décembre de l'année de la proposition, en excédent des deux années exigées...		20	
Nombre de campagnes........ { En Algérie et en Tunisie....		5	
Autres campagnes.........		10	
(Les campagnes sont toujours comptées simples.)			
Nombre de blessures reçues à l'ennemi.........		10	
(Plusieurs blessures reçues dans une même affaire ne sont comptées que pour une seule.)			
Nombre de citations....................		10	
Années accomplies dans l'emploi de sergent-major ou d'adjudant..... { Nombre d'années complètes au 1er avril de l'année qui suit la proposition...........		15	
Décorations...... { Médaille militaire..........		20	
Légion d'honneur..........		40	
(Ces deux majorations peuvent se cumuler.)			
TOTAL GÉNÉRAL................................			

A   , le   190   .

Le Chef de corps,   Le Général de brigade,   Le Général de division,

Le Général commandant le corps d'armée,

DIRECTION
DE L'INFANTERIE.
—
2ᵉ BUREAU.

INSTRUCTION TECHNIQUE,
etc.

MODÈLE Nº 3.

RÉPUBLIQUE FRANÇAISE.

(1) Désigner le corps ou l'établissement.

INFANTERIE.

CONCOURS DE L'ANNÉE

(1)

Sous-officiers proposés pour être admis à l'École militaire d'infanterie.

NOTA. — Joindre à cet état pour chaque sous-officier : 1º l'acte de naissance; 2º un mémoire de proposition conforme au modèle nº 2; 3º un certificat d'instruction militaire ; 4º une note faisant connaître que le candidat a demandé ou non à être interrogé sur une langue vivante ; 5º pour les sous-officiers qui ont été proposés, le mémoire des années précédentes (art. 2 de l'instruction du 29 avril 1901).

Le chef de corps aura soin d'informer le Ministre (1ʳᵉ Direction, 2ᵉ Bureau), et à mesure qu'il y aura lieu, des mutations qui entraîneraient l'annulation des propositions faites en faveur des sous-officiers. Il devra également lui faire connaître, par la voie hiérarchique, les changements d'emploi dans leur grade des sous-officiers proposés.

Si un sous-officier était l'objet de plaintes qui fussent de nature à ne pas permettre de donner suite à la proposition, le chef de corps adresserait, par la voie hiérarchique, un rapport détaillé pour provoquer sa radiation sur le tableau du concours.

Cet état doit être adressé au Ministre pour le 1ᵉʳ septembre, terme de rigueur. Il portera la mention *rayé* en face du nom des sous-officiers non admis et le nombre des sous-officiers admis y sera inscrit en toutes lettres. Un état « *néant* » sera établi par les corps qui n'ont point de sous-officier proposé.

(Article 3 de l'instruction du 29 avril 1901.)

NOMS ET PRÉNOMS.	GRADES et FONCTIONS.	CORPS.	DURÉE DES SERVICES effectifs au 31 déc. 1901. Ans, mois, jours.	ANCIENNETÉ DE GRADE de sous-officier au 31 déc. 1901. Ans, mois, jours.	OBSERVATIONS. (Indiquer si le sous-officier est rengagé.)

A   , le   190   .

Le Chef de corps,   *Le Général commandant le corps d'armée,*

PARIS. — IMPRIMERIE R. CHAPELOT ET Cᵒ, 2, RUE CHRISTINE.

www.ingramcontent.com/pod-product-compliance
Lightning Source LLC
LaVergne TN
LVHW050352030726
842520LV00005B/2073